Für _____

Von _____

ISBN 978-3-649-65000-3
© 2025 Coppenrath Verlag GmbH & Co. KG
Hafenweg 30, 48155 Münster, Germany
Illustrationen: © 2025 Marjolein Bastin
Redaktion: Katrin Gebhardt
Grafische Gestaltung: Beate Kahramanlar, www.tryxz.de
www.coppenrath.de

Hallo Leben, du bist so schön!

Gedichte zum Glücklichsein
von Irmgard Partmann

COPPENRATH

Was ist es?

Hallo Leben,
ich kann nicht genau sagen,
was das mit uns ist.
Ich müsste lügen,
würd ich sagen,
dass du mir nicht wichtig bist.
An manchen Tagen
fühle ich mich leicht mit dir,
an manchen Tagen
drückt alles schwer.
Aber an allen anderen Tagen
denke ich bei mir:
Wie schön, dass ich dich hab.

Leben spüren

Du kannst nicht wissen,
wie stark oder woher der Wind weht,
wenn du nicht nach draußen gehst.
Mach dich auf den Weg,
spüre den lauen Sommerwind,
der mit sanfter Hand
über die sattgrünen Blätter
der Bäume streicht,
erlebe die Natur und
merke, dass du lebst.

Morgenspaziergang

Eine Drossel singt mich wach.
Es ist ein Tag, um rauszugehen.
Komm, wir gehen glücklich sein.
Hand in Hand gehe ich
mit meinen Gedanken spazieren.
Wogend im weichen Sommerwind,
tanzen sie umher.
All meine Sinne tanzen mit
im lebensfrohen Reigen.
So viel Schönheit, so viel Freude.
Ich fühle mich leicht und unbeschwert
wie schon lang nicht mehr.

Was für ein Glück

Wenn mein Blick am Morgen
über die Wiesen und Felder wandert,
die Sonne aufgeht und ganz vorsichtig
zwischen den Bäumen emporkommt,
ist mein Glücksgefühl unbeschreiblich.
Komme, was wolle: Der Tag ist schön
und voller neuer Möglichkeiten.

Was ist Leben?

Unser Leben ist eine
Aneinanderreihung von Momenten.
Und jeder dieser Momente ist so schön,
wie wir ihn sehen.
So können aus kleinen Momenten
lauter Glücksmomente werden.

Zeitvertreib

Vertreibst du dir die Zeit?
Nein, ich vertreibe sie nicht,
ich genieße sie.

Sonnenblumentage

Wie eine Sonnenblume möchte ich sein,
die Wurzeln fest im Boden verankert,
mein Gesicht der Sonne zugewandt
mit einem sonnefunkelnden Gemüt,
das andere zum Strahlen bringt
und sie lächelnd sagen lässt:
Durch dich geht die Sonne auf.

Frühlingserwachen

Schmetterlinge beginnen zu flattern
tief in meinem Bauch.
In mir ein Frühlingsahnen,
das mich grundlos lächeln lässt.
Liebe liegt in der Luft.
Spürst du das auch?

Trotz alledem

Ich gebe zu,
ich trage sie in mir:
ungelöste Fragen,
Zweifel und auch Ängste,
aber auch – oder vor allem –
die feste Zuversicht,
dass man Leben wagen kann.
Trotz alledem.

Mutig sein

Heute traue ich mich, mutig zu sein.
Grenzenlos möchte ich denken,
in bunten Farben träumen,
Luftschlösser bauen,
kleine Stückchen von Wattewolken naschen
und alle Sorgen davonpusten
wie die Schirmchen einer Pusteblume.

Lebensglücksgedicht

Vor dem Leben
kann man nicht weglaufen.
Aber man kann sich ab und zu
in klitzekleine
kuschelig weiche,
wolkengleiche
Träume fliehen,
bis einem warm wird
ums Herz und man
das Leben wieder schön findet.

So spielt nun mal das Leben

Jeder wünscht sich ein glückliches Leben.
Aber das Glück lässt sich nicht finden,
so sehr wir auch danach suchen.
Dinge im Leben passieren zufällig.
So wie eine schöne Muschel
an den Strand gespült wird,
kommt auch das Glück zu dir.
Ganz unverhofft.
Es findet dich dann,
wenn du aufhörst, zu suchen.

Das kleine Glück

Zwischendurch,
ganz unverhofft
streift mich
von Zeit zu Zeit
das kleine Glück,
so, als ob die Sonne golden
durch noch kahle Äste schaut
und die zarten Blüten des
Neubeginns mit einem
Zauber umgarnt,
der mich spüren lässt:
Ich bin dem Leben
wieder auf der Spur.

Alles auf Anfang

Man kann das Leben nicht umkehren,
nicht einen einzigen Augenblick wiederholen.
Aber man kann die Richtung ändern
und noch mal alles auf Anfang setzen.

Neubeginn

Alles sprießt und grünt.
Alles beginnt von vorne.
Irgendwie geht alles weiter.
Teils wie zuvor,
teils ein bisschen anders und neu.
Aber es geht alles weiter.

Nur Mut

Losgehen.
Weitergehen.
Immer weiter.
Vielleicht sogar zu weit
und Grenzen überschreiten,
um über dich hinauszuwachsen.
Manchmal brauchst du Mut,
neue Wege zu gehen,
dich zu ändern,
um du selbst zu bleiben.

Abendrot

Die Natur sonnt sich im roten Abendlicht.
Sie weiß nichts von meinem Kummer.
Aber mein Kummer wusste bisher auch
nichts vom Trost, den die Natur
mit all ihren Farben und Wundern
mir zu geben vermag.

Sommer adé

Der Sommer möchte gehen
und winkt mir zum Abschied zu.
Wo willst du denn hin
mit all deinen Farben,
frage ich ihn.
Ich schicke dir den Herbst vorbei,
höre ich ihn sagen.
Schon kommen bunte Blätter geflogen,
gelb, orange, rot und grün,
gerade zur rechten Zeit.
Sie hüllen den Boden in eine weiche,
kunterbunte Decke ein,
die mir Kraft und Wärme schenkt.

Lebenskünstler

Mein Leben ist eine weiße Leinwand.
Ich bin der Künstler, der sie bemalt.
Es liegt an mir, ob ich es in düsteren Farben male
oder ein farbenfrohes Werk daraus schaffe.
Beherzt schwinge ich den Pinsel.
Was macht es schon, dass ich nichts wegradieren kann?

Weil du es wert bist

Du bist du.
So wie du bist,
bist du richtig.
Du bist wichtig für die Welt.
Du bist es wert, geliebt zu werden
von den Menschen,
die dich umgeben,
vor allem aber von dir selbst.

Du bist reich beschenkt

Du hast viele Talente und Fähigkeiten.
Vergiss niemals:
Alles, was du kannst und
im Leben erreicht hast,
begann mit dem Mut,
den ersten Schritt zu wagen.

Das wird was

Schweigen üben.
Ganz bei sich sein
und aus voller Überzeugung denken:
Das wird was.
Vielleicht nicht
etwas ganz Großes.
Aber das wird was.

Stolz sein

Von Kraft beseelt,
streckt ein Krokus
sein gelbes Köpfchen
hoffnungsvoll in die Sonne.
So geht stolz sein,
denke ich bei mir.
Nur immer schön
in den blauen Himmel hineinwachsen.
Spüren, dass das Leben lebendig bleibt.

Kühn sein

Einen Moment lang kühn sein, etwas wagen,
über deinen Schatten springen,
mutigen Schrittes auf die verschlossene Tür zugehen
und voll Dankbarkeit darüber staunen,
dass sich neue Türen für dich öffnen,
noch bevor du anzuklopfen wagtest.

Wandern

Ich wandere hinaus in die Natur,
nicht, um irgendwo anzukommen,
sondern um meine Träume auszuführen
über taugetränkte Wiesen,
Felder, Hügel und Wege.
Junge Halme, grüne Gräser,
ich kann mich kaum sattsehen.
Meine Gedanken gehen mit mir spazieren.
Welch ein Zirpen, Zwitschern, Summen
rings um mich herum.
Blütenduft steigt mir in die Nase.
Stetig murmelnd, läuft der Bach
wie ein Freund an meiner Seite.
Ich dreh mich um und wundere mich,
wie weit ich schon gekommen bin.
Kommt her, ihr Träume,
legt euch zu mir ins Kornfeld,
wir lassen unsre Seelen baumeln.

Halte an deinen Träumen fest

Manche Träume, die du in dir trägst,
scheinen fern und unerreichbar.
Hab Geduld mit ihnen,
gib ihnen Zeit zur Reife,
glaube fest daran
und verliere nicht den Mut,
dann kann daraus etwas Wunderbares werden.
Es gibt nichts Besseres als zu große Träume.

Gelassenheit

Inmitten der Natur
die Gelassenheit
des Augenblicks genießen.
Träumelang.
Und spüren: Das Gefühl im Herzen
könnte groß werden.

Träume, die nicht zerplatzen

Seifenblasen fliegen aus dem Fenster,
gehen tanzend auf die Reise,
federleicht in Regenbogenfarben,
sanft und sachte, voller Anmut
schwebend,
schillernd,
schwerelos.
In jeder fliegt ein kleiner Traum.
Ich habe kurze Weile,
lasse die Alltagsschwere los,
genieße erfüllte Augenblicke,
fast so, als könnten Träume nie zerplatzen.
Es bleibt ein Hauch von Leichtigkeit.

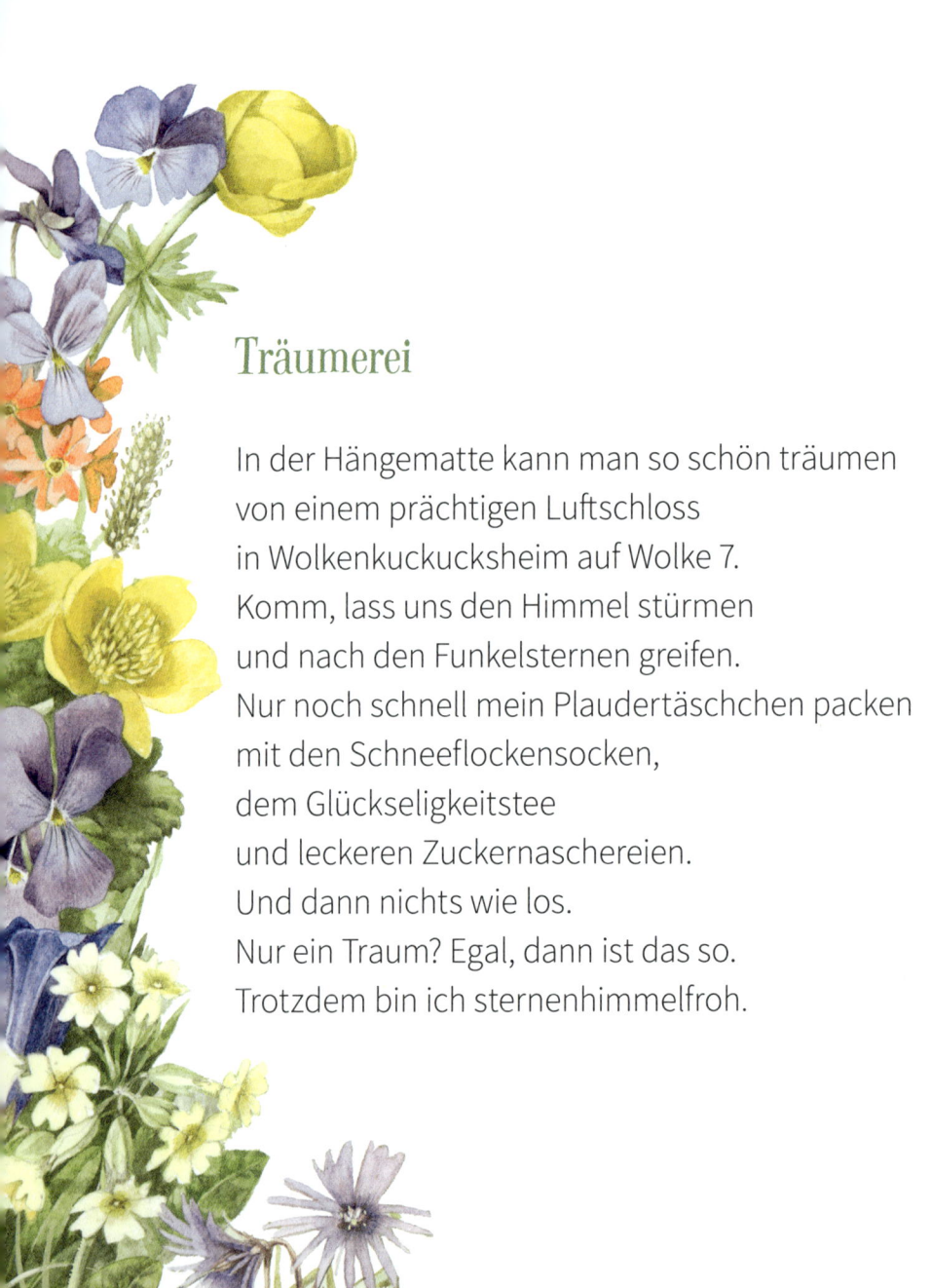

Träumerei

In der Hängematte kann man so schön träumen
von einem prächtigen Luftschloss
in Wolkenkuckucksheim auf Wolke 7.
Komm, lass uns den Himmel stürmen
und nach den Funkelsternen greifen.
Nur noch schnell mein Plaudertäschchen packen
mit den Schneeflockensocken,
dem Glückseligkeitstee
und leckeren Zuckernaschereien.
Und dann nichts wie los.
Nur ein Traum? Egal, dann ist das so.
Trotzdem bin ich sternenhimmelfroh.

Glückserlebnis

Heute bin ich gut zu mir,
schenke mir Blumen,
zähle Sterntaler,
pflücke Glücksklee,
schlage Purzelbäume
voller Übermut,
bis dem Kind in mir
schwarz vor Augen wird
vor lauter Glück.

Ballonreise

Heute mach ich mein Leben wieder bunt.
Abertausend Luftballons lass ich fliegen.
Himmelhoch und wolkenweit.
Glückversunken denke ich:
Hoffentlich kommt der Flugverkehr
nicht zum Erliegen.

Sowas von verdient

Heute habe ich nichts zu tun,
als glücklich zu sein.
Nichts denken.
Nichts hoffen.
Nichts wollen.
Nichts sollen.
Nichts.
Das habe ich verdient,
denke ich mir und
schenke mir selbst
ein tiefes inneres Lächeln.

Nichtstun

Was ich heute geschafft habe?
Nichts – außer mir Zeit zu nehmen,
um den Tag schon vor dem Abend zu loben.

Eine leise Ahnung

Einfach nur daliegen
unter der Krone der Buche.
Die Äste des Baumes verharren still.
Schauen und Staunen.
Das geschnürte Bündel im Gras,
gefüllt mit Sehnsucht und Träumen.
Sie lernen gerade fliegen.
Ich bekomme eine leise Ahnung
von Glück.

Wunder

Der Waldboden winterweiß bedeckt.
Alles ruht in scheinbarem Stillstand.
Mit sanftem Raunen haucht der Wind
mir eine Ode an das Leben ins Ohr.
Bald haben die Abendsterne ihren großen Auftritt
und versetzen mich wieder einmal in Staunen.
Ich fange an, an Wunder zu glauben,
und bin offen für alles,
was noch kommt.

Danke sagen

Hallo Natur,
ich möchte dir danke sagen.
Du warst immer für mich da.
Warst mir ein Trost an dunklen Tagen
in meinem Leben.
Ich konnte immer auf dich zählen,
wenn es mir nicht gut ging.
Du lehrtest mich Gelassenheit.
Auf unzähligen Spaziergängen
durch Wälder, Wiesen und Täler,
an Bachläufen entlang
und über sonnige Lichtungen
fand ich etwas Kostbares,
das noch viel wertvoller war als alles,
was ich zu finden gehofft hatte,
ich fand zu mir selbst.

Vor lauter Freude

Ich liebe das Leben
und möchte vor Freude springen:
glückwärts,
himmelhoch
und zuweilen
über meinen Schatten.

Im Jetzt sein

Ich sitze da
und bin ganz bei mir
und meinen Gedanken.
Ich habe nichts zu verlieren,
keine Angst, etwas zu verpassen
oder meine Zeit zu verschwenden.
Ich bin ganz im Hier und Jetzt
und lasse mich für einen Augenblick
wieder vom Wunder des Lebens verzaubern.
In meinem Herzen wohnt so viel Freude.

Lieblingstage am Meer

Ich spüre das Küstenglück in mir.
Meine Augen tauchen ein
in ein Meer voller Möglichkeiten.
Was will ich mehr?

Meer geht immer

Ein Spaziergang am Meer
mit mir ganz alleine.
Meine Gedanken tanzen auf den Wellen.
Ich gehe am Strand entlang.
Gehe immer weiter.
Nur keine Eile. Ich hab ja Zeit.
Ich blicke auf die Wellen.
Schritt für Schritt glätten sich die Wogen,
und Sorgen versinken im Meer.

Zur Ruhe kommen

Einatmen,
ausatmen
und tief im Herzen
das Leben spüren
und schließlich
wieder aufatmen.

Langsamkeit

Komm schon, warum trödelst du?,
fragtest du voller Ungeduld.
Ich lachte: Ich trödle nicht,
ich schaue mir die Welt an
und nehme mir Zeit für all das Schöne,
was die Natur für uns bereithält.

Rastplatz

Manchmal braucht man nur
eine Hängematte im Garten,
eine Schaukel im Park,
eine Bank in der Sonne,
eine Decke am Ufer des Flusses,
einen Rastplatz für die Seele,
um wieder im Einklang
mit dem Leben
und sich selbst zu sein.

Der Stille lauschen

Ich öffne das Fenster
nach einem Regenguss.
Wie frisch und neu alles ist.
Die Welt scheint still und friedlich.
Ich höre Vogelgezwitscher,
das Plätschern des Baches
und den Sommerwind,
der durch Baumkronen rauscht.
Ich höre so viel mehr als Stille.
Ich höre all das, was mich meinen
Träumen näherbringt.

Ballast abwerfen

Ich klopfe mir den
Tag von den Füßen,
werfe Ballast ab
und alle Wünsche,
denen nicht mehr zu helfen ist,
und auch alle Erwartungen,
die nicht zu erfüllen sind.
Mit einem Mal spüre ich,
wie meiner Seele
Flügel wachsen.

Höhenflug

Meine Gedanken flogen davon,
direkt aus meinem Kopf,
hoch und immer höher.
Ich ließ alles los, was mich traurig
machte und wovor ich Angst hatte.
Nach und nach kehrten all meine
Gedanken als hoffnungsfrohe Träume
zu mir zurück und ich begann,
wieder an Wunder zu glauben.

Erinnerungen

Einfach dasitzen.
Still sein.
Genießen.
Erinnerungen an schöne Momente,
gelebte Träume,
die mich zum Lächeln bringen
und mich spüren lassen,
dass das Leben mich
immer wieder reich beschenkt.

So frei

Im Innern heiter und beschwingt,
hab ich so ein zärtliches Gefühl
von warmer, weicher Leichtigkeit,
als würden Schmetterlinge schweben
mit wunderzartem Flügelschlag.
Ich lehne am offenen Fenster
und fühle mich so frei
wie ein Vogel,
der sein Glück
von den Dächern zwitschert.

MB

Am Ende ist alles gut

Manchmal fühlt sich unser Leben an
wie ein Test, für den wir nicht gelernt haben
und an dessen Ende
dennoch ein *sehr gut* steht.

Danke, Leben!

Ich bin voller Vorfreude
auf jeden neuen Tag mit dir.

MB